설레는 나의 도시,

플래닛 홍대

KB189900

내 이십대의 마지막 날 눈이 내렸다.
홍대앞의 아늑한 술집에서 따뜻한 사케 한 잔을 앞에 놓고 내리는 눈을 바라보며
그렇게 한 해를 마무리했다.

대학 시절에는 눈부신 4월 햇살에 수업 대신 벤치에 앉아 깊은 방황을 했고,
졸업 후에는 치열하게 작업을 하며, 홍대에서 20년 가까이 서식했다.
그동안 홍대라는 곳의 분위기와 의미가 많이 변했지만
그래도 경쾌하고 역동적인 매력은 그대로다.

한 번씩 홍대에 나갈 때면, 뭔가 새로운 일이 생길 것 같은 기대감에 늘 설렌다.
나에게 홍대는 언제나 눈부시게 그리운, 설레는 도시이므로….

조혜림

설레는 나의 도시,
플래닛 홍대

초판 1쇄 발행 2015년 7월 17일

지은이 조혜림
발행인 송현옥
편집인 옥기종
펴낸곳 도서출판 더블:엔
출판등록 2011년 3월 16일 제2011-000014호

주소 서울시 강서구 마곡서1로 132, 301-901
전화 070_4306_9802
팩스 0505_137_7474
이메일 double_en@naver.com

ISBN 978-89-98294-14-4 (13630)

'열정과 즐거움이 넘치는 책' 을 만드는 도서출판 더블:엔은 독자 여러분의 원고 투고를 환영합니다.
아이디어 또는 원고를 갖고 계신 분은 출간의도와 원고 일부, 연락처를 이메일 double_en@naver.com으로 보
내주세요. 즐거운 마음으로 기다리고 있겠습니다.

누구나 쉽게 완성하는
안티-스트레스 컬러링북

설레는 나의 도시,

플래닛 홍대

조혜림 지음

더블:엔

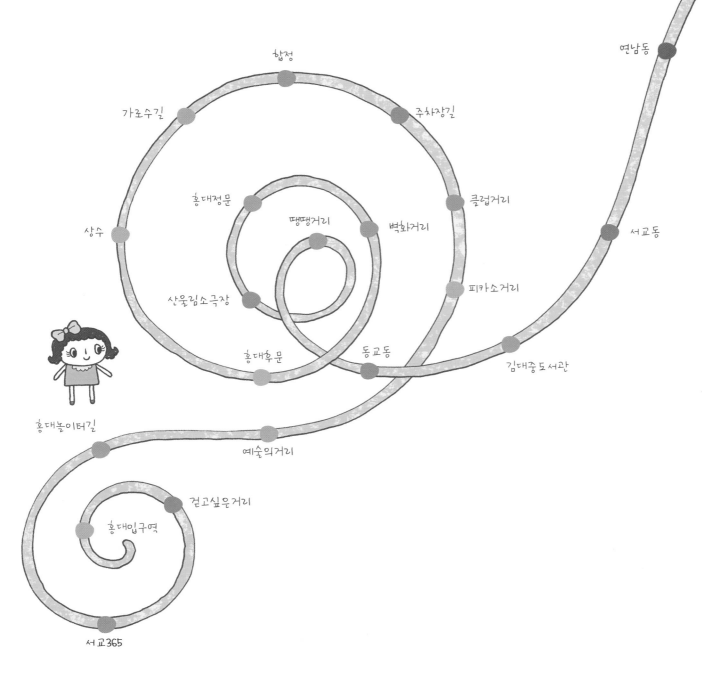

연남동

합정

주차장길

가로수길

클럽거리

홍대정문

땡땡거리

벽화거리

상수

서교동

피카소거리

산울림소극장

김대중도서관

홍대후문

동교동

홍대놀이터길

예술의거리

걷고싶은거리

홍대입구역

서교365

여기는 설레는 나의 도시, 홍대. 언제나 가슴이 두근거리는 곳.
어디부터 가볼까?

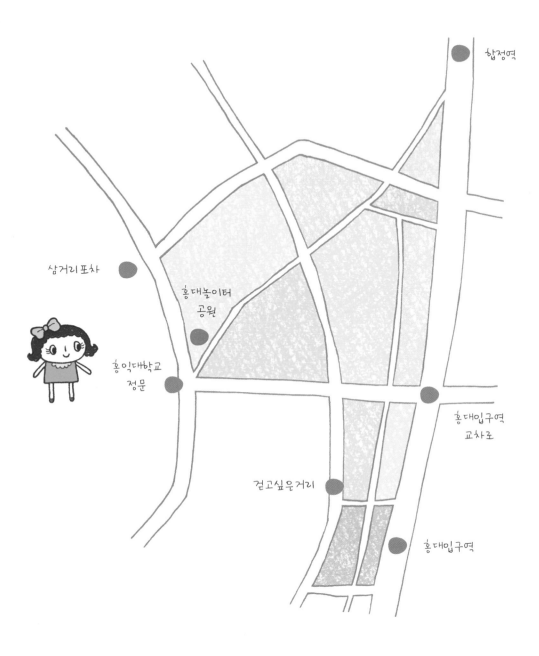

합정역

삼거리포차

홍대놀이터
공원

홍익대학교
정문

홍대입구역
교차로

걷고싶은거리

홍대입구역

놀이터에서부터 시작해볼까?
늘 궁금했던 거 하나, 여기서 아이들이 놀 수 있을까?

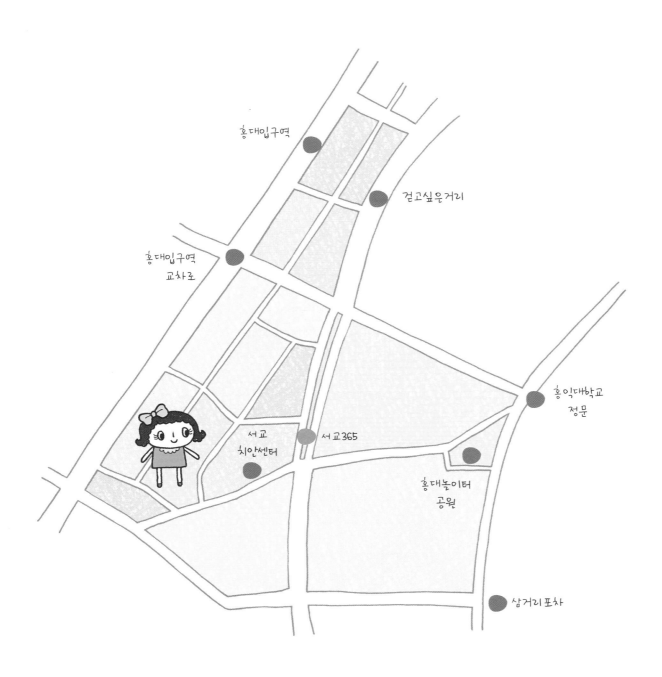

홍대입구역

걷고싶은거리

홍대입구역
교차로

홍익대학교
정문

서교
치안센터

서교365

홍대놀이터
공원

삼거리포차

홍대의 명물 서교 365.
여러 번 철거될 뻔하다가 겨우겨우 살아남은 서교동 365번지.

카페, 레스토랑, 매장에서 본 빈티지 소품들.
이런 것들은 다 어디서 오는 걸까?

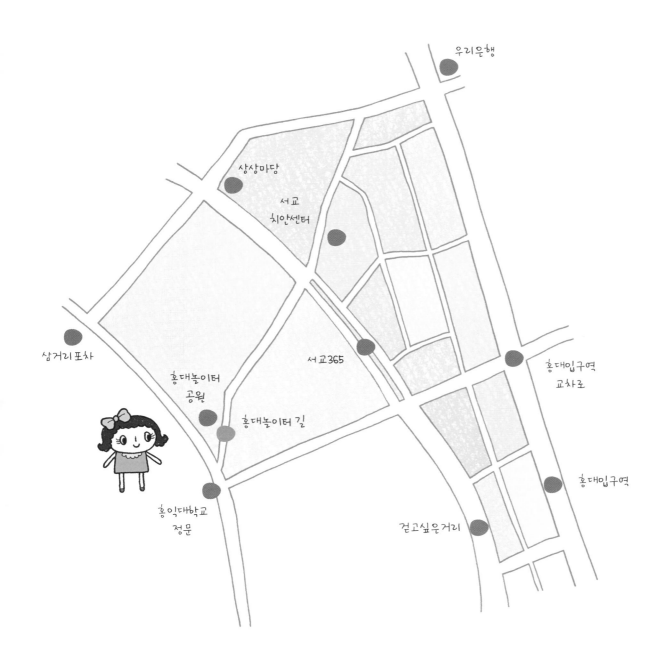

홍대놀이터공원 길을 가다보면
얼마나 오래 됐는지 알 수 없는 가죽공방이 있다.
학교다닐 때 캔버스 집게를 사면 여기서 집게머리에 가죽을 덧대었었다.
그리고 좀 더 올라가면,
배고플 때 생각나는 국시집이 있다.
원래는 좋은 영화를 많이 소장했던 비디오 대여점이었다가 업종 변경을 했다.
인심 좋은 사장님이 삶의 보람을 느낀다며 활짝 웃으시던 게 기억이 난다.
변화무쌍한 홍대에서 오래도록 자리를 지키고 있는 가게들이 더욱 소중하게 느껴지는 요즘이다.

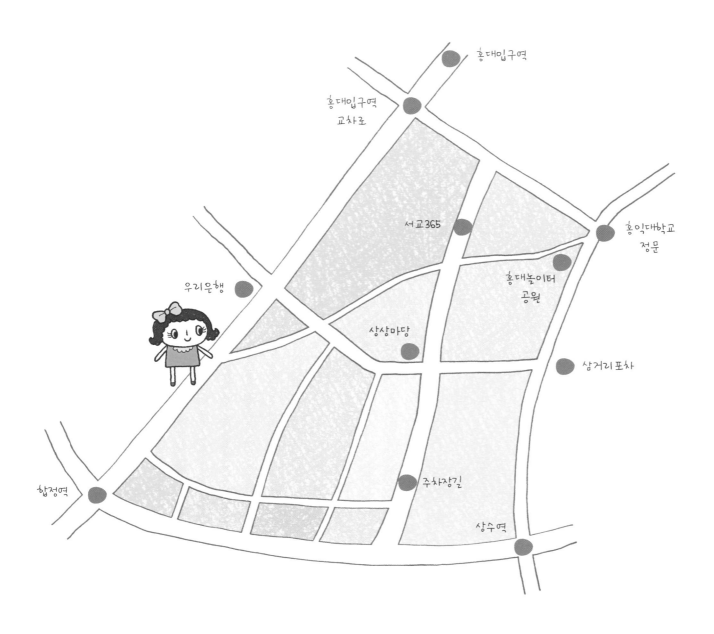

복합문화공간 상상마당에서…
상상마당 건물을 지을 때 공사장 펜스에 빽빽하게 그려져 있던 그 많은 그래피티들은 다 어디로 갔을까?

 언제나 맛있는 파스타~.

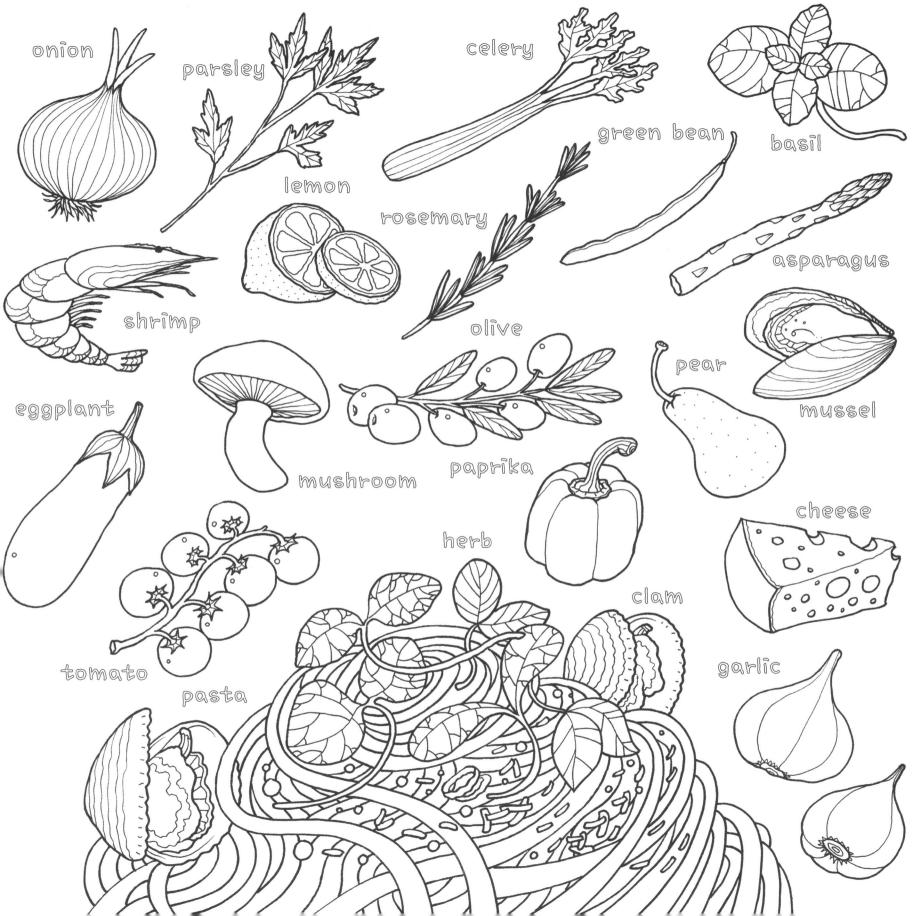

onion

parsley

celery

green bean

basil

lemon

rosemary

asparagus

shrimp

olive

pear

mussel

eggplant

mushroom

paprika

cheese

herb

clam

tomato

pasta

garlic

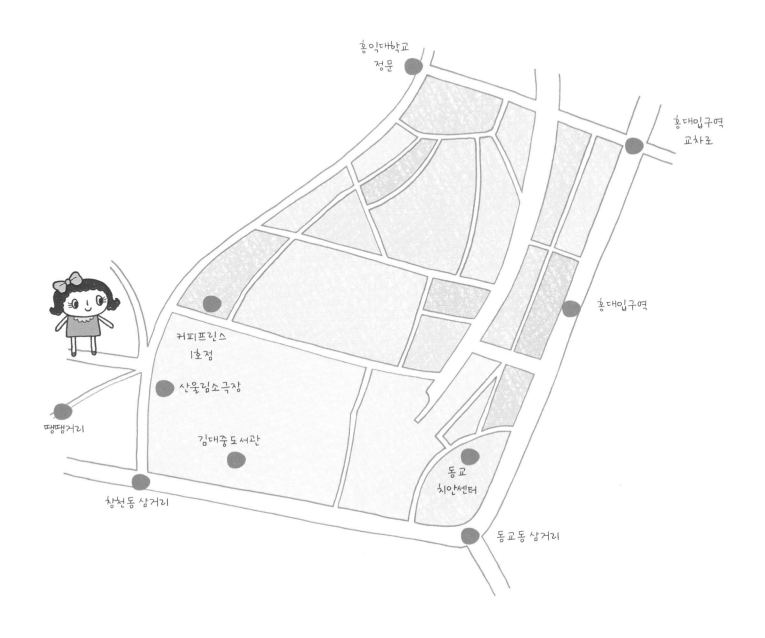

홍익대학교
정문

홍대입구역
교차로

홍대입구역

커피프린스
1호점

산울림소극장

땡땡거리

김대중도서관

동교
치안센터

창천동 삼거리

동교동 삼거리

드라마 '커피프린스 1호점' 촬영으로 유명해진 커피프린스 1호점 카페.
실제로 보면 뭔가 많이 우거져 있는 느낌이다.

언제나 멋스런 사람들로 붐빈다.
바쁘지만 바쁘게만 보이지 않는 사람들.

홍대의 새로운 명물, 인력거.
걷고싶은거리의 벽화도 구경하고, 여기저기 예쁜 곳들 볼 게 너무 많아.
모터를 달아 놓은 건 살짝 반칙?

오랫동안 다니던 단골 꽃집이 문을 닫기 전에는
꽃집이 이렇게 많은 줄 몰랐다.

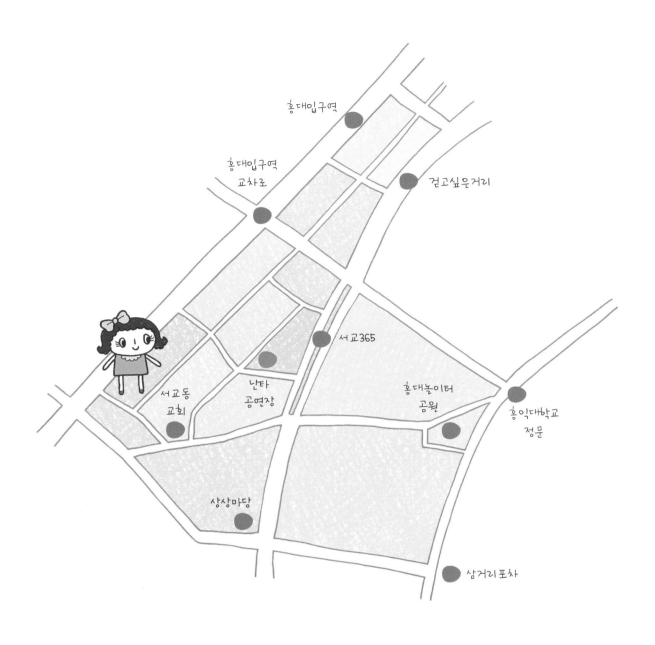

홍대입구역

홍대입구역
교차로

걷고싶은거리

서교365

서교동
교회

난타
공연장

홍대놀이터
공원

홍익대학교
정문

상상마당

삼거리포차

특이한 건물 외관을 가지고 있는 난타 공연장.
언젠간 꼭 보고 말거야!

언제나 내 마음을 혹하게 하는
아이템들.

천천히 걷다보면
흔하게 마주치는 것들.

 카페에서 창밖의 비를 바라보며
찌~인한 커피 한 잔!

늘 가방에 관심이 많은 나.
가방을 보면 자동 시선집중!

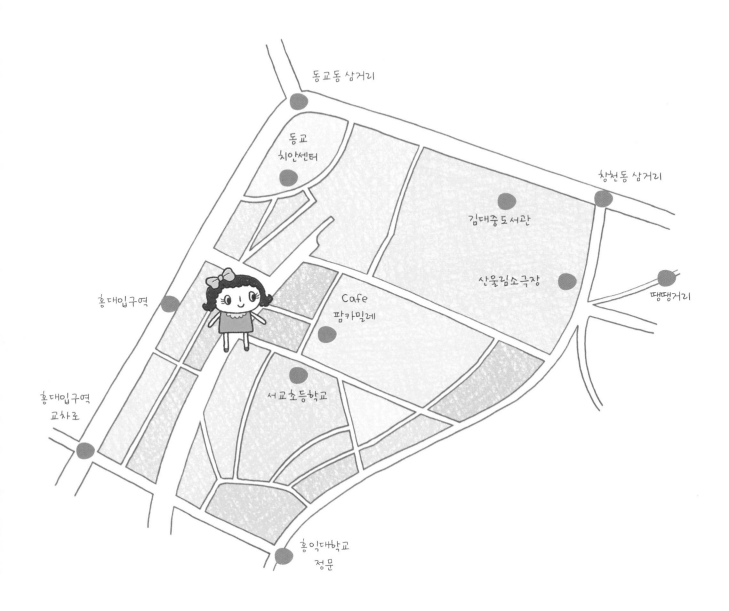

동교동 삼거리

동교
치안센터

창천동 삼거리

김대중도서관

산울림소극장

홍대입구역

땡땡거리

Cafe
팜카밀레

홍대입구역
교차로

서교초등학교

홍익대학교
정문

그냥 지나칠 수 없는 예쁜 카페.

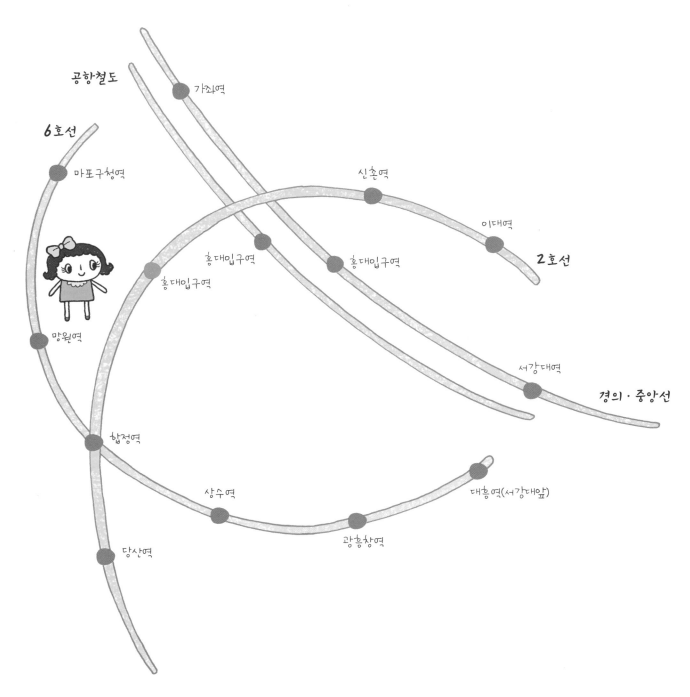

가좌역

신촌역

이대역

마포구청역

2호선

홍대입구역

홍대입구역

홍대입구역

망원역

서강대역

경의·중앙선

합정역

대흥역(서강대앞)

상수역

당산역

광흥창역

홍대입구 지하철역에서 친구를 기다리며….

 센스있고 재미있는 간판들이 많다.

초등학교때 손뜨개를 배운 후
한 번도 제대로 완성한 적 없지만,
항상 시도해보고 싶은 목도리 뜨기.

홍대입구역

홍대입구역
교차로

서교365

홍익대학교
정문

홍대놀이터
공원

우리은행

삼거리포차

아시안
쿠진

늘푸른
여성지원센터

주차장길

상수역

합정역

배고플 때 마주친 식당, 나를 유혹하는 메뉴.

 이곳저곳 구경하며 홍대 한바퀴.

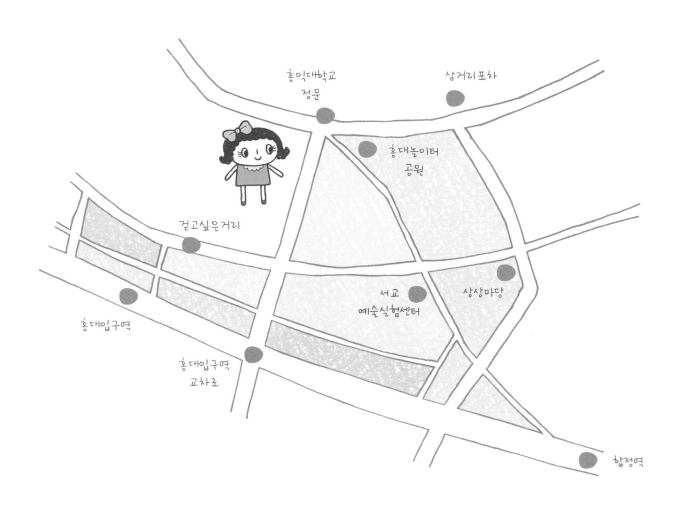

홍익대학교
정문

삼거리포차

홍대놀이터
공원

걷고싶은거리

서교
예술실험센터

상상마당

홍대입구역

홍대입구역
교차로

합정역

홍대앞 예술시장 프리마켓.
입간판도 예쁘다.

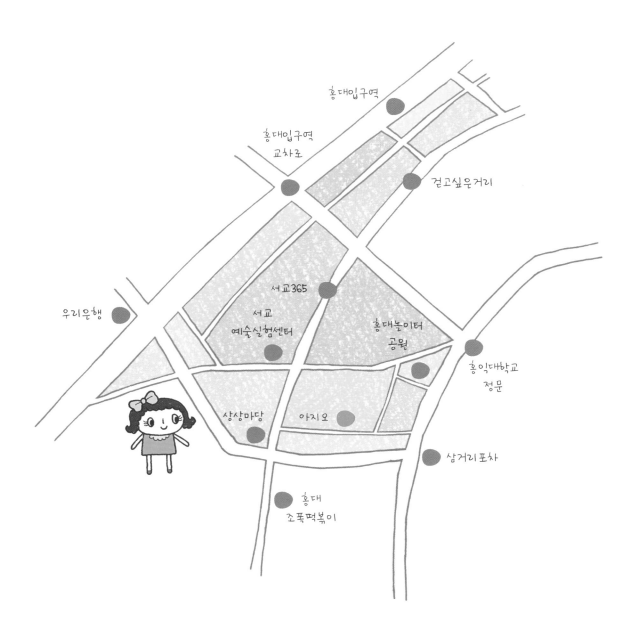

홍대입구역

홍대입구역
교차로

걷고싶은거리

서교365

우리은행

서교
예술실험센터

홍대놀이터
공원

홍익대학교
정문

상상마당

아지오

삼거리포차

홍대
조폭떡볶이

영화 '엽기적인 그녀'에서 차태현네 집으로 나왔던 곳인데
지금은 리모델링하여 레스토랑이 되었다.
지금도 마당에 굳건하게 서있는 아름드리 나무를 보면
'엽기적인 그녀' 영화가 생각난다.

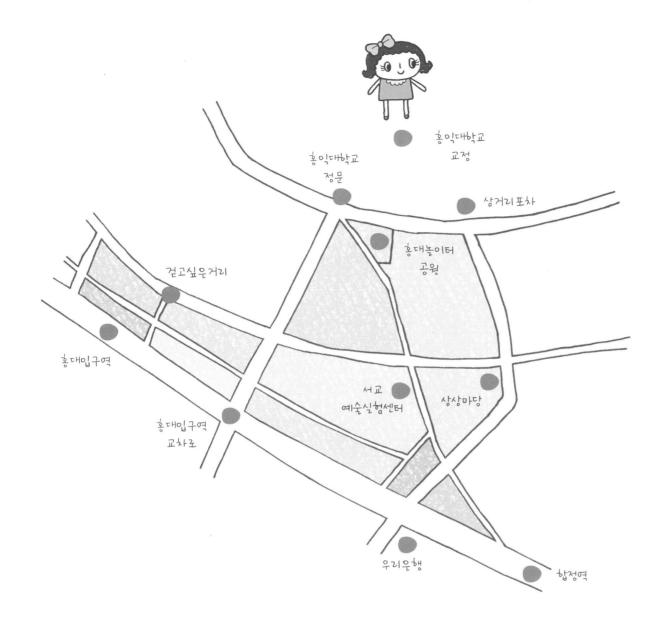

물감 잔뜩 묻은 작업복 차림으로 늘어져 있던 벤치와
영원한 미소, 웅덩이 같은 연못과 자기가 사람인 줄 아는 비둘기,
모든 게 그리운 교정.

홍대에서 흔하게 볼 수 있는
모자를 쓴 그리고 큰 카메라를 든 여인.

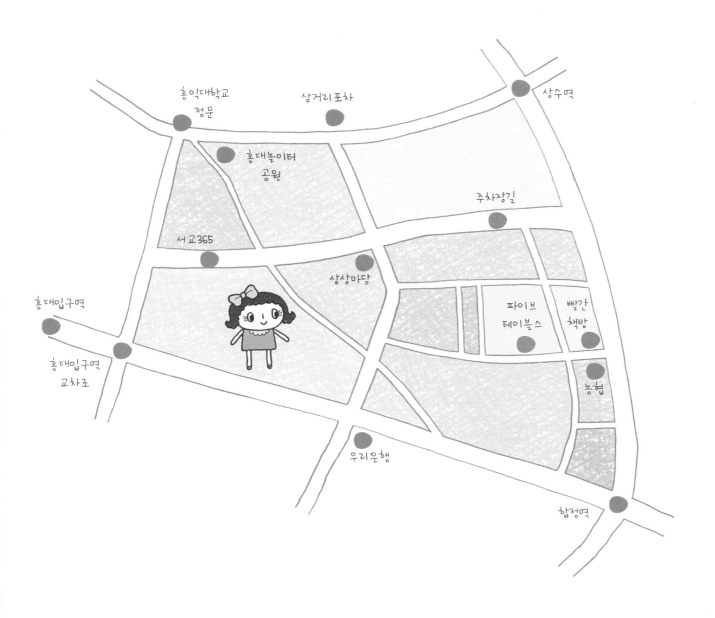

테이블 세 개 들어갈 자리에 다섯 개의 테이블이 있는 곳.
아주 작은 곳이지만 맛은 아주 좋다.

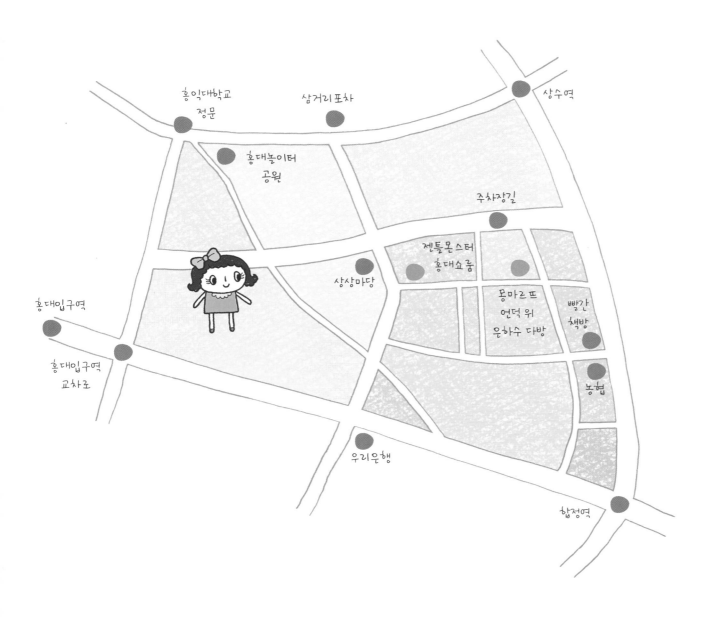

합정동 골목길을 걷는다.
재미있는 전시며 옛날 모습의 가게들과 급변하는 합정동 풍경에 깜짝깜짝 놀란다.

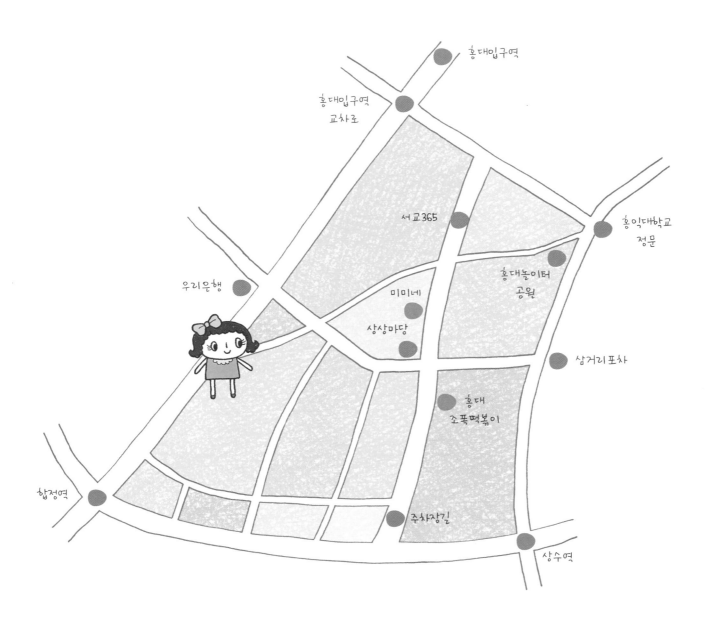

홍대입구역

홍대입구역
교차로

서교365

홍익대학교
정문

우리은행

미미네

홍대놀이터
공원

상상마당

삼거리포차

홍대
조폭떡볶이

합정역

주차장길

상수역

유명한 홍대 조폭떡볶이와 미미네의 국물 떡볶이.
포장마차 조폭떡볶이 시절부터 들던 생각이 있었는데
떡볶이 만들던 아저씨가 진짜 조폭이었을까?
물어보고 싶었지만….

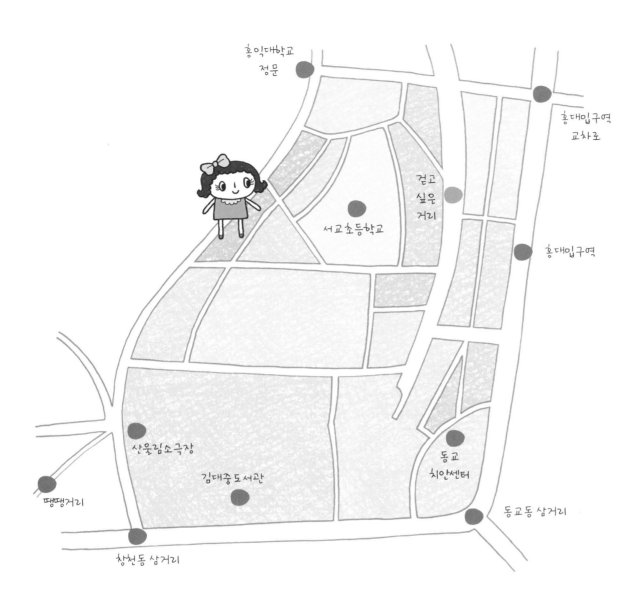

홍익대학교
정문

홍대입구역
교차로

걷고
싶은
거리

홍대입구역

서교초등학교

산울림소극장

동교
치안센터

김대중도서관

동교동 삼거리

땡땡거리

창천동 삼거리

걷고싶은거리의 벽화들.
거리미술제 때면 학생들이 열정적으로 자기 생각을 표현하느라
정신이 없다.

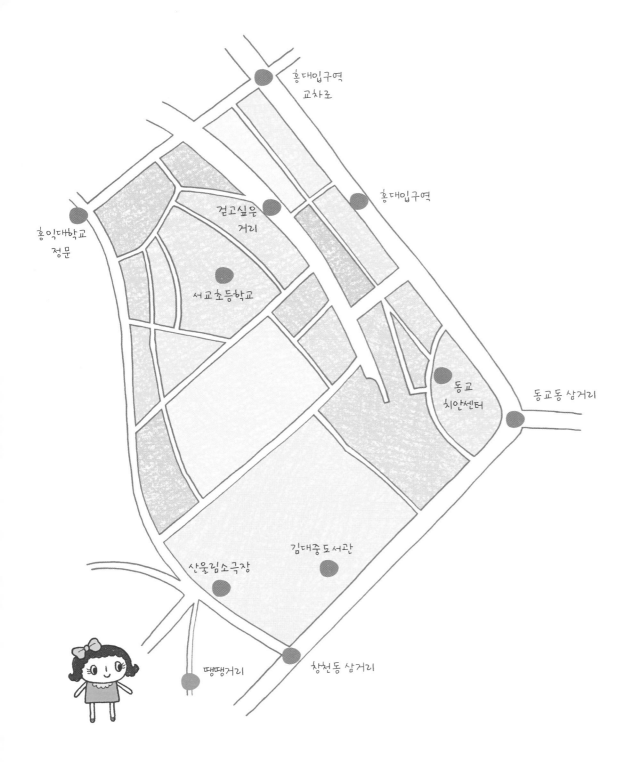

홍대입구역
교차로

홍대입구역

홍익대학교
정문

걷고싶은
거리

서교초등학교

동교동 삼거리

동교
치안센터

김대중도서관

산울림소극장

땡땡거리

창천동 삼거리

기차가 이곳을 지날 때면 땡땡거렸다고 해서 땡땡거리가 됐다.
기찻길이 없어지면서 지금은 땡땡거리 마켓이 열리는데 예쁜 물건이 많다.
그리고 갈 때마다 매진된, 옛날엔 몰라서 그냥 지나쳤던 제과점.

서강로 13 길 48+1
Seogang-ro 13-gil

마포대교동 짱뺑

참새방앗간

킥복싱

철길왕 갈비살

참천동 삼거리

김진환 제과점

김진환 제과점

오늘은
매진
입니다
감사합니다

그랜드마트 신촌역

산울림소극장

땡땡거리

커피프린스
1호점

와우공원

흥익대

땡땡 거리
마-켓

▢▢▢ 옛 기찻길 땡땡거리 일대

운영시간: 매달 첫째주 토요일(3시-7시)

동물프개 지갑

옛 기찻길
땡땡거리에서 열리는
시민들의 마켓! 나만의 핸드메이드 상품,
집에서 잠자고 있기에 아까운 물건들을
팔고사고, 물물교환도 ^^

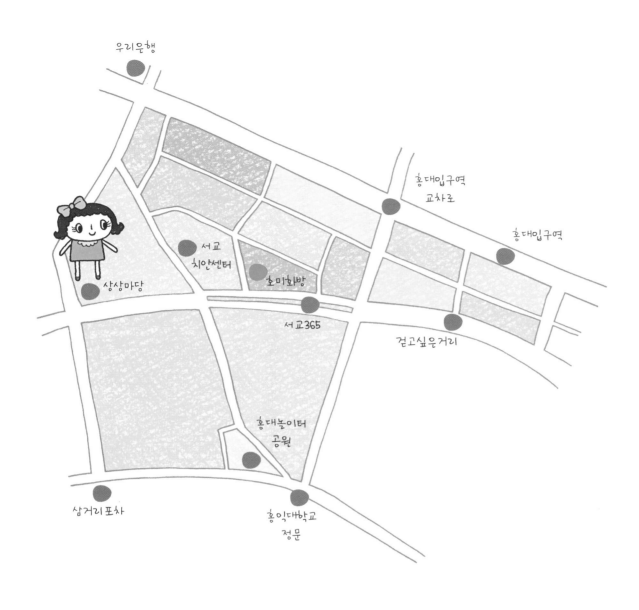

우리은행

홍대입구역
교차로

홍대입구역

서교
치안센터

호미화방

상상마당

서교365

걷고싶은거리

홍대놀이터
공원

삼거리포차

홍익대학교
정문

나의 학창시절을 함께했던 호미화방.
지금도 늘 함께하고 있다.

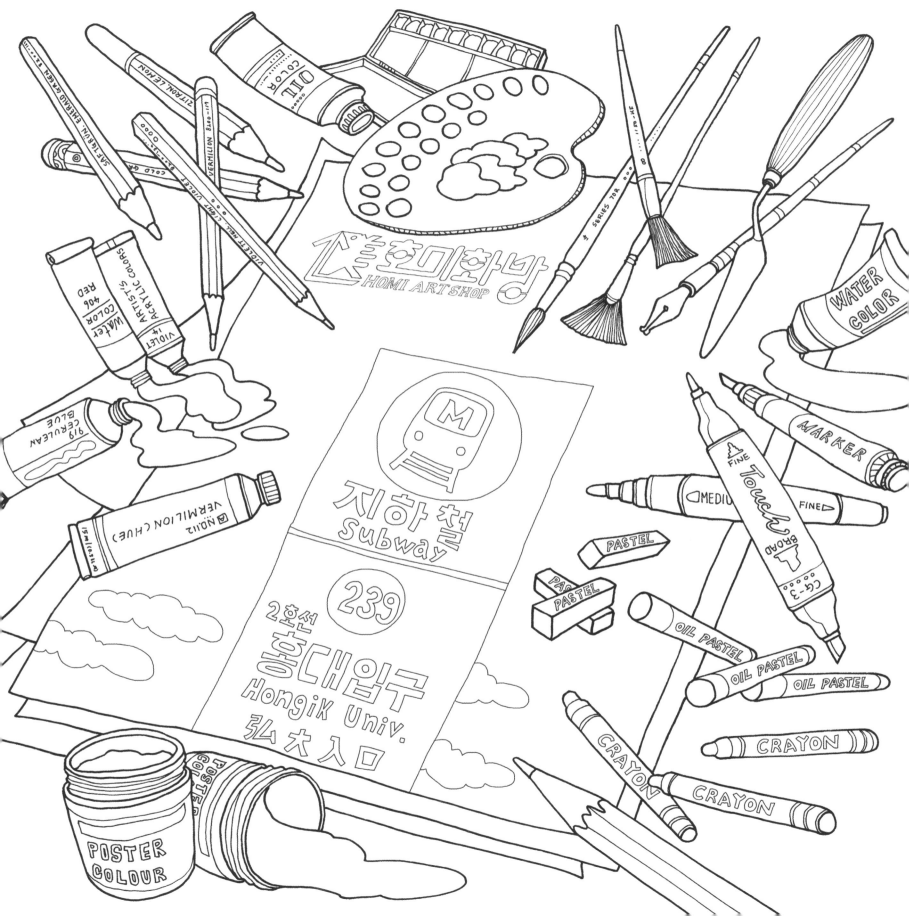

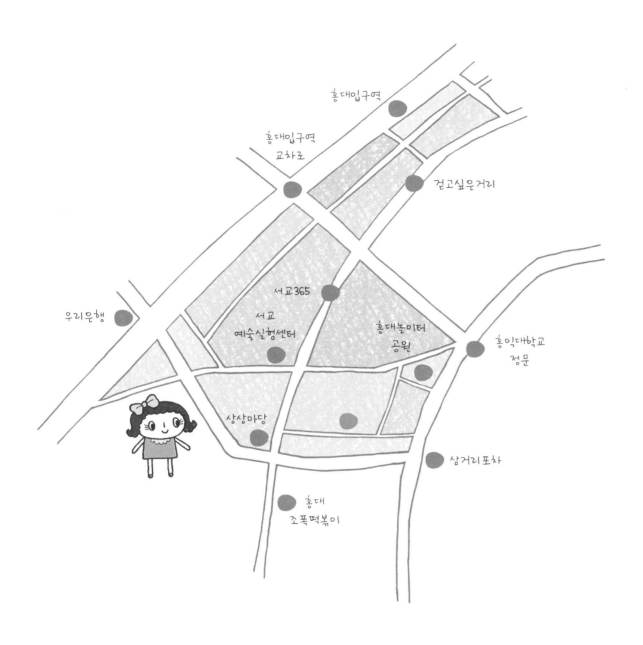

홍대입구역

홍대입구역
교차로

걷고싶은거리

우리은행

서교365

서교
예술실험센터

홍대놀이터
공원

홍익대학교
정문

상상마당

삼거리포차

홍대
조폭떡볶이

단골 레스토랑 풍경.
시원한 맥주 한잔하면서 친구들과 수다 떨고 싶다.

 멋진 홍대피플들.

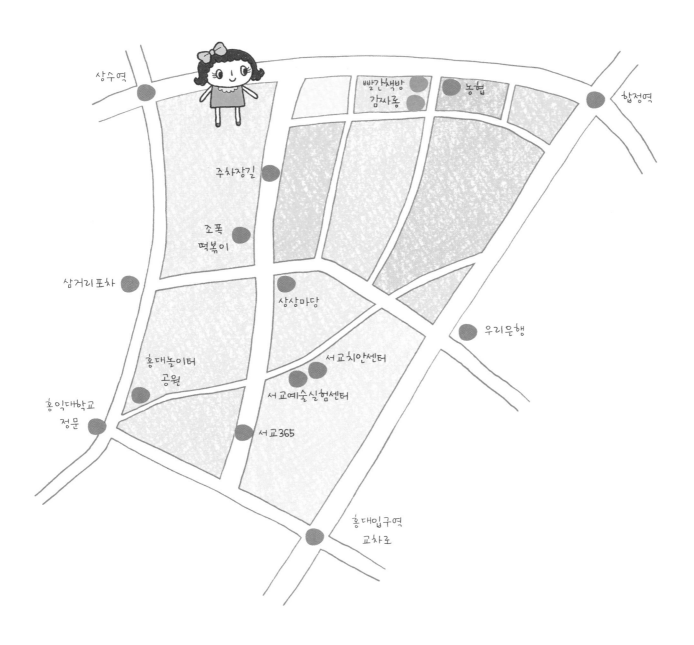

상수역

빨간책방
감자롱

농협

합정역

주차장길

조폭
떡볶이

삼거리포차

상상마당

우리은행

홍대놀이터
공원

서교치안센터

홍익대학교
정문

서교예술실험센터

서교365

홍대입구역
교차로

요즘 유명한 팟캐스트 '빨간책방'을 방송하는 서점 겸 카페와
맛있는 수제버거집.

예나 지금이나 홍대에서 커피를 빼면 되나~
지금의 미국식 커피프랜차이즈가 없던 시절에도
홍대 카페엔 다양한 커피가 있었다.

cappuccino

caramel macchiato

cafe latte

espresso

espresso con panna

cafe mocha

I ♥ COFFEE

espresso macchiato

americano

vienna coffee

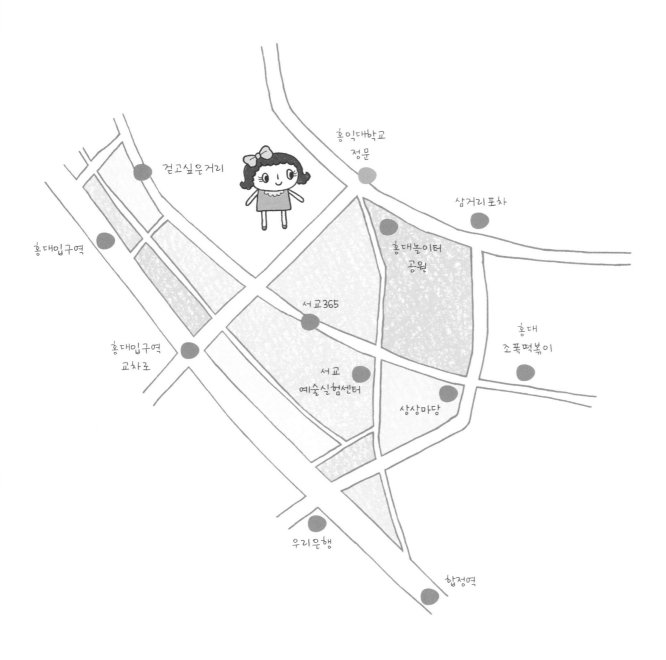

홍익대학교
정문

걷고싶은거리

삼거리포차

홍대입구역

홍대놀이터
공원

서교365

홍대입구역
교차로

홍대
조폭떡볶이

서교
예술실험센터

상상마당

우리은행

합정역

많이 달라진 학교 전경
좋은건지 나쁜건지….

 발길 가는 대로 걷다 마주친 풍경들.

선물 받은 꽃다발의 꽃은 더 예쁘다.

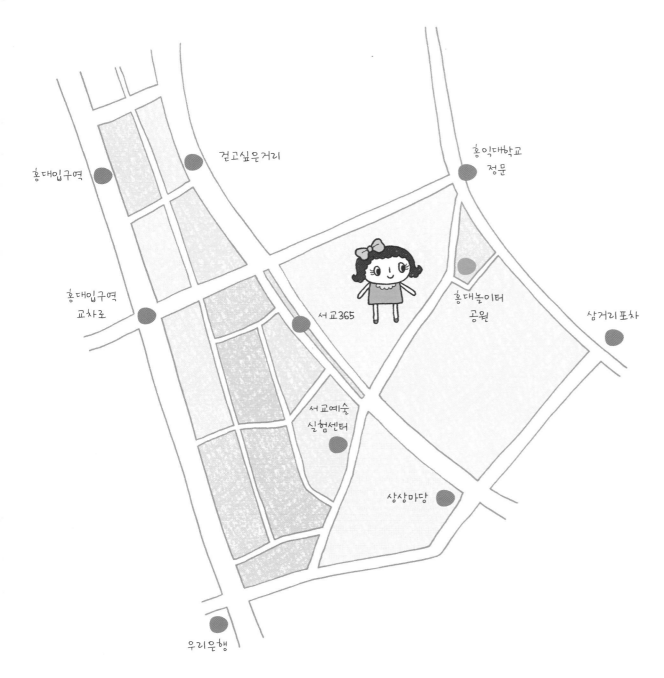

홍대입구역

걷고싶은거리

홍익대학교
정문

홍대입구역
교차로

서교365

홍대놀이터
공원

삼거리포차

서교예술
실험센터

상상마당

우리은행

나를 설레게 하는 녀석들이 많은 프리마켓.

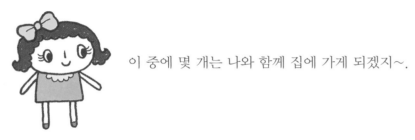 이 중에 몇 개는 나와 함께 집에 가게 되겠지~.

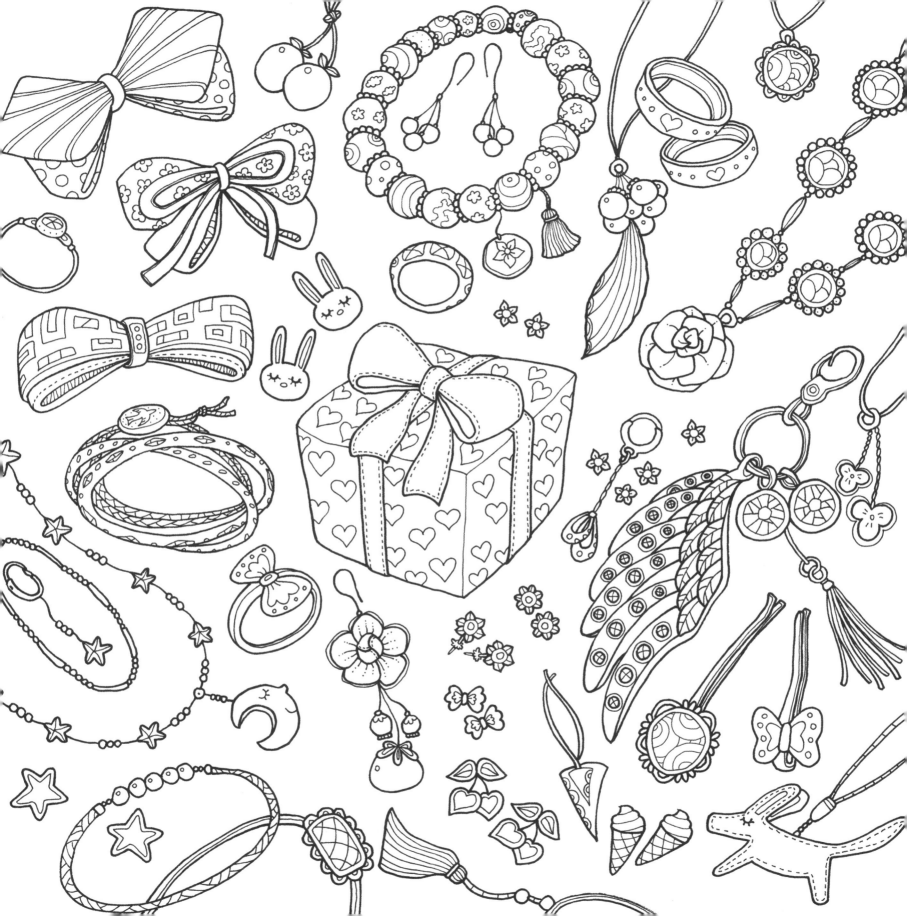

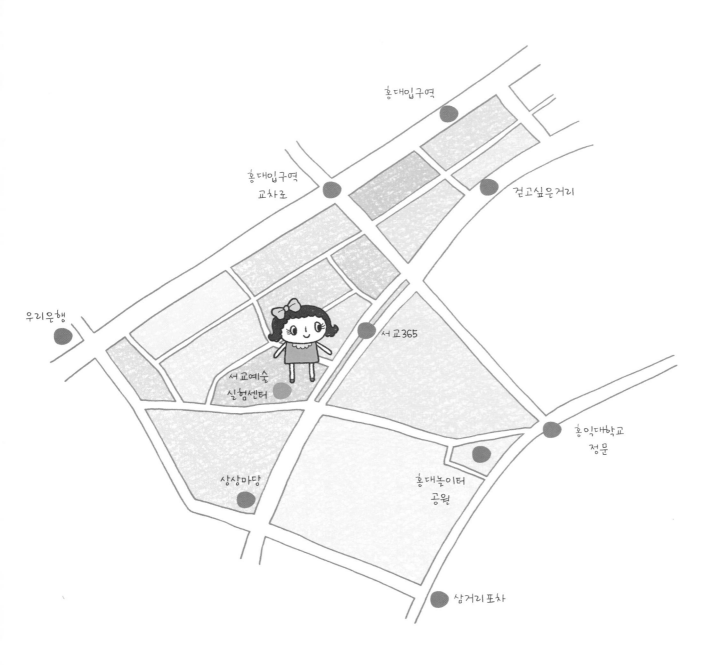

옛날 동사무소 건물이 서교예술실험센터가 되었다.
오늘 열리는 전시는 뭔가?

특이하고 맛난 홍대 길거리 음식들.
아이스크림 붕어빵, 츄러스, 블루베리 팥빙수,
와콘(와플 안에 샐러드를 깔고 소시지나 치킨, 감자튀김을 넣은), 씨앗을 넣은 호떡,
통째 튀긴 오징어, 32센티의 아이스크림, 완자꼬치, 컵강정, 닭꼬치….
나의 호기심과 식욕을 자극한다.

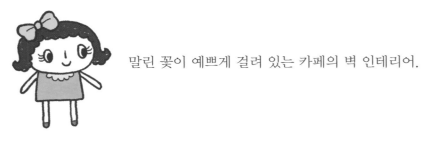 말린 꽃이 예쁘게 걸려 있는 카페의 벽 인테리어.

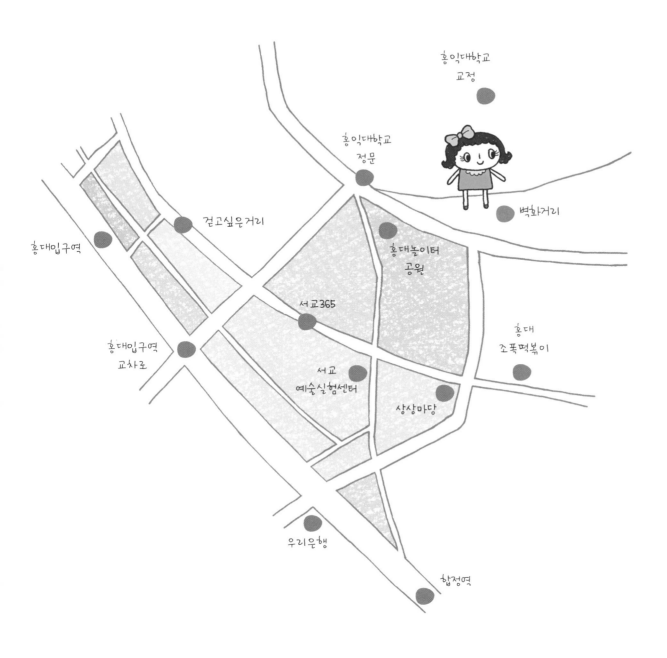

홍익대학교
교정

홍익대학교
정문

벽화거리

걷고싶은거리

홍대입구역

홍대놀이터
공원

서교365

홍대입구역
교차로

서교
예술실험센터

홍대
조폭떡볶이

상상마당

우리은행

합정역

벽화거리에서 예쁜 벽화들을 찰칵!

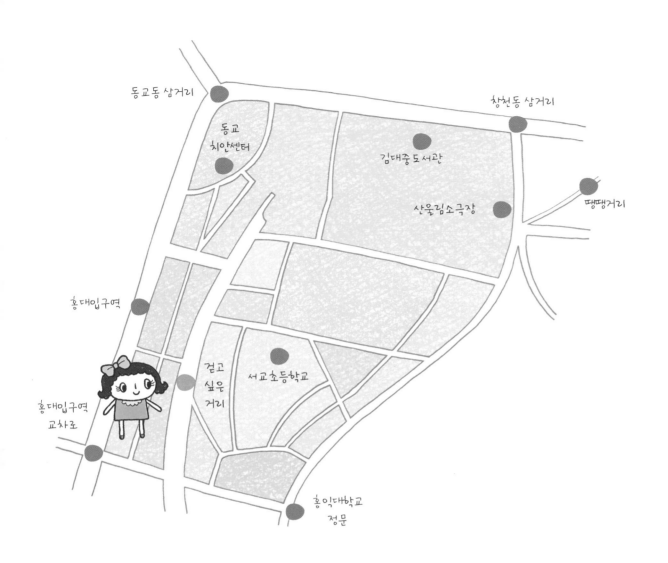

동교동 삼거리

창천동 삼거리

동교
치안센터

김대중도서관

산울림소극장

땡땡거리

홍대입구역

걷고
싶은
거리

서교초등학교

홍대입구역
교차로

홍익대학교
정문

거리 공연을 보며….
Have a nice day, don't worry, be happy!

way to beautiful memory